DISCOURS
SUR LA MORT
DE TRES-HAUT,
TRES-PUISSANT,
ET TRES-EXCELLENT PRINCE,
MONSEIGNEUR
LE DUC DE BRETAGNE,
DAUPHIN DE FRANCE.

Prononcé dans l'Eglise Paroiſſiale de ſaint Leufroy de Sureſne, le 14. Mars 1712. par M. RENE' TREPAGNE DE MENERVILLE, Curé de Sureſne & de Puteaux.

Nolite confidere in principibus, in filiis hominum in quibus non eſt ſalus.

Ne mettez point voſtre eſperance dans les Princes, ni dans les enfans des hommes, qui ne peuvent vous ſauver. Pſ. 145.

Dieu vient de tonner encore. Quel redoublement d'effroy ! La Terre à peine raſſurée, eſt ſaiſie d'une nouvelle conſternation.

Qu'allez-vous penſer, mes Freres ? ſuis-je donc condamné à ne plus paroiſtre devant vous, que comme un ſpectre

effrayant, qui ne traîne aprés foy que terreur, qu'épouvan-
te; qui ne prophétife que calamitez, que miféres? Ne dois-
je plus ouvrir la bouche que pour vous annoncer des évene-
mens finiftres? Cette Chaire ne doit-elle plus retentir que des
carreaux, que le Ciel irrité lance fur nous dans toute l'éten-
duë de fa colere?

Helas! depuis un temps, de combien de fleaux divers fommes nous frappez? Y-a-t-il encore un Royaume, qui foit fi
affligé que le nôtre? ou plûtôt y-en-a-t-il encore un, qui foit
fi coupable? Car ne nous flatons point; telle eft la trifte con-
clufion, que nous devons tirer de tant de defaftres; c'eft l'énor-
mité de nos crimes, qui appefantit fur nos Têtes, d'une maniere
fi terrible, le Bras Exterminateur. C'eft ordinairement au Peuple, que Dieu fait porter les iniquitez des Princes; & icy, ce font
les Princes, qu'il charge des iniquitez du Peuple. Jufqu'à quel
excés font-elles montées? Ne faut-il pas que leur voix crian-
te ait percé jufques au Thrône redoutable des plus grandes
vengeances, puifqu'elle force la foudre de defcendre, de tom-
ber fur les plus hauts Cedres du Liban.

Quoy, fucceffivement, & prefque tout à la fois, l'Ayeul,
la Mere, le Pere, le Fils, facrifiez! Quel ravage en moins d'onze
mois! Quel anéantiffement du plus beau fang de l'Univers!
Quelle nombreufe & fuperbe moiffon de la faux meurtriere!
Quel éloge étrange, que l'éloge funebre de toute une famille
Royale! quel objet pour les Orateurs Chrétiens! Quelle conf-
ternation pour les Auditeurs compatiffans! Quel nouveau
fpectacle aux yeux des Anges & des Hommes, qu'une fi
prompte réunion de ces Teftes illuftres dans la cendre d'un
même tombeau! Quel prodige inoüi aux fiecles paffez! Quel
fujet d'étonnement pour les fiecles futurs! Mais fur tout,
quelle défolation pour le fiecle prefent, pour nous-mêmes!

Ah! fi de juftes châtimens exigeoient de ces furieux coups,
fi des fatisfactions proportionnées demandoient de ces fameu-
fes victimes, n'eftoit-ce pas affez, & trop, de nous ravir au
fort de fa carriere, un Prince, qui fe trouvoit parfaitement

formé sur le vray modele des Rois, dans les exemples de son Augufte Pere ? un Prince, qui par l'experience d'une fageffe confommée, & par la bonté naturelle de fon cœur, nous promettoit une domination des plus heureufes ? Mais non. Cette premiere chûte, que nous regardions déja comme un abîme de maux, n'eftoit que les prémices, & pour ainfi dire, le prélude d'une feconde plus inopinée.

N'eftoit-ce pas affez, & trop, de nous ravir au printemps de fes plus riantes années, une Princeffe, qui par les belles qualitez que l'on voyoit briller en Elle ; élevation d'efprit, nobleffe de cœur, affabilité de manieres ; faifoit tout le charme, toutes les délices de la Cour du monde la plus délicate ? Mais non. Cette feconde perte, qui ne rappelloit que trop fenfiblement la premiere, & que nous croyons devoir mettre le comble à nos difgraces, n'eftoit encore qu'une préparation à une troifiéme plus fubite, & plus furprenante.

N'eftoit-ce pas affez, & trop, de nous ravir auffi à la fleur de fes ans, le Prince fon Epoux ? Ce Prince, qui par la fuperiorité de fes lumieres, par la juftice de fes œuvres, par la pureté de fes vertus, nous faifoit preffentir les douceurs d'un regne débonnaire, paifible, chrétien? Mais non. Cette troifiéme cataftrophe, qui n'a point de pareille, eftoit le fignal menaçant d'un quatriéme acte tragique, qui a penfé eftre accompagné d'un cinquiéme.

Ainfi de degrez en degrez, tous plus funeftes les uns que les autres, nous fommes enfin parvenus à perdre, au fortir de fon berceau, un premier fruit de la mutuelle tendreffe de ces deux Epoux ; un Heros naiffant, qui devenu noftre plus chere efperance, fembloit eftre né pour remplir les deftins les plus glorieux.

D'heureux préjugez d'un bon temperament, fortifié avec le dernier foin par l'exacte vigilance d'une Gouvernante zelée & attentive, nous laiffoit entrevoir pour luy dans l'avenir, un long enchaînement d'années. De fortes impreffions du genereux fang, qui couloit dans fes veines : de douces femences d'une vertueuſe éducation, qui commençoient à germer dans ſon ame, nous découvroient tout ce qu'il auroit eſté pour le bonheur du monde. De vives clartez d'une raiſon développée avant le temps, luy inſpiroient une nobleſſe de penſées & de ſentimens, bien au deſſus des idées ordinaires de l'enfance la plus ſpirituelle. Des caracteres ſenſibles de grandeur, répandus ſur ſes diſcours & ſur ſes actions, marquoient évidemment dans l'air gracieux de cet aimable ſujet, tout celuy d'un veritable Souverain; & s'il eſtoit tel, ce Dauphin commençant, quel eût-il eſté, Roy tout formé? Digne de la Majeſté du Thrône, où le Ciel n'a pas permis qu'il montât, il eût fait ſans doute revivre en luy par ſa religion, & par ſa valeur, tout ce que nous perdons d'excellent dans les Heros ſes Peres que nous regrettons, & tout ce que nous admirons de merveilleux, dans Celuy qui continuë de faire nôtre felicité.

Quelles douceurs donc, & quels plaiſirs, n'auroit-on pas goûté ſous ſes loix? Oüy, ſi le Ciel eût rempli noſtre attente, nous pouvions nous flater de voir perpetuer ſous ſon Empire, les jours fortunez de l'âge d'or. Le Prince luy-même eſtoit ſûr d'un regne tout aimable, parce qu'il eſtoit ſûr de regner ſur tous les cœurs.

Ce témoignage, que je rends publiquement à la verité, je le dois en même temps à la reconnoiſſance; & vous le ſçavez, mes Freres, ce jeune Prince que nous pleurons, m'honnoroit de quelque affection. Un don favori de ſa main liberale m'en eſtoit un gage aſſûré. Admis à ſes paſſe-temps familiers, par le privilege ſpécial d'un libre accés auprés de ſa Perſonne, & ſous les auſpices favorables de Celle, dont la ſageſſe préſidoit à ſa conduite, j'avois le bonheur de voir croître de jour en jour, ſes ſentimens de bien-veillance. Sa bouche même, cette bouche qui ſe ferme aujourd'huy pour jamais, a daigné, plus d'une fois, s'en expliquer ouvertement; & j'oſeray le dire, mes Freres, peut-eſtre pouvois-je attendre de ſon cœur bienfaiſant & de ſes promeſſes réiterées, des effets avantageux, & pour vous, & pour moy.

Mais, ô profondeur des Jugemens de Dieu! Tout se dé-
truit, tout s'évanoüit, tout s'éteint. Eh! n'est-ce point ici que
se verifie à la lettre, cet avis que Dieu luy-même nous donne?
Gardez-vous de mettre vostre confiance dans les Princes, &
dans les enfans des hommes, qui ne vous peuvent sauver.
Leur ame sortira de leur corps, & leur corps retournera dans
la terre d'où il a esté tiré. En ce jour-là toutes leurs pensées
periront & s'anaéntiront. Heureux celuy, dont le Dien de Ja-
cob est le Protecteur! heureux celuy, qui met son esperance
au Seigneur son Dieu, qui a fait le Ciel, la Terre, la Mer, &
tout ce qu'ils contiennent!

Non, mes Freres, ce n'est point dans les Grands qu'il faut
esperer, c'est en Dieu seul. La mort, vous le voyez, se joüe
également, de toute condition, de tout sexe, de tout âge. Ils
meurent ces Grands, comme le reste des hommes. Ils ren-
trent dans la poussiere, centre commun de tous les Mortels,
écueil inévitable des Souverains mêmes, dont les vastes des-
seins demeurent inutiles, s'ils ne sont appuyez sur Dieu.

Il est donc vray, & il n'est que trop vray, cher Prince;
Vous, qui ne faisiez que commencer à estre, déja vous cessez,
& vous n'estes plus. Vous avez le sort de ces brillantes fleurs
qu'un même jour voit éclôre & mourir; mais vous vivrez
desormais en ma triste memoire, & vous y vivrez jusques au
dernier soûpir de ma vie. Un consolant monument de vôtre
liberalité, vous rendra toûjours present à mon souvenir. Vous
y serez, bien moins pour exciter mes regrets, que pour exciter
ma joye. Oüy, je me rejoüiray sans cesse devant Dieu de vôtre bonheur, & c'est dans cet esprit, que je médite de luy of-
frir dés demain pour vous, un sacrifice de loüanges.

Car, quel heureux échange ne venez-vous pas de faire?
d'un Royaume terrestre & passager, que les droits du sang
vous reservoient, mais que la mort jalouse aussi de ses droits,
vous auroit tôt ou tard enlevé, vous passez au Royaume ce-
leste & éternel, que rien ne vous peût jamais ravir. Ici, vous
estiez assis avec les Princes du peuple; & là, vous estes placé

parmi les Chœurs des Anges. Souvenez-vous de nous. Deve-
nez vous-même un des Anges tutelaires de la Couronne de
vos Ancestres.

Veillez du haut des Cieux, sur ce Roy invincible, sur ce
Monarque incomparable, vôtre Bisayeul, qui vous che-
rissoit uniquement comme sa vraye image, & qui n'a pû refu-
ser de ses précieuses larmes à vôtre trépas prématuré ; obte-
nez pour Luy, que les jours qui vous sont retranchez, soient
ajoûtez à ses années. Un siecle & plus, n'est pas trop pour un
Heros, à qui l'immortalité les devroit tous.

Veillez sur le Prince, vôtre Frere. Ce n'est pas sans dessein
que la divine Providence nous le rend, en l'arrachant des bras
de la mort, dont les douleurs l'environnoient, au moment
même qu'elles vous ont emporté. En reconnoissance d'un si
grand bienfait, je voüe pour aprés demain un sacrifice d'ac-
tion des graces ; faites qu'à son tour il joüisse en paix d'un heritage, que vous luy laissez tout entier.

Veillez sur ce même heritage, que vous devez toûjours re-
garder comme vôtre bien. Veillez sur ce Royaume, sur tous
les membres fideles qui le composent, & en particulier sur
ceux de cette Paroisse, dont le Pasteur ne vous fut pas indiffe-
rent.

Puissent aussi ces Testes augustes, de qui vous avez reçû le jour
que vous perdez, se trouver réunies avec vous pour les mêmes
vœux, dans la gloire immortelle où vous estes entré, en quit-
tant celle du monde ; ou si vous les avez devancées dans ce sé-
jour des bienheureux, implorez en leur faveur la clemence du
juste Juge des vivans & des morts ; hâtez-vous de les atti-
rer par vos intercessions, au partage de cette lumiere inacessi-
ble, comme vous vous êtes hâté de les suivre dans la nuit
profonde de leur sepulchre.

C'est à cette intention, que nous Ministres du Seigneur,
qui environnons son Autel, & qui y apportons des presens,
allons achever ce sacrifice solemnel d'expiation.*Nous allons
pour le repos de leurs ames faire des vœux, que nous rendrons

au Seigneur nôtre Dieu, à ce Dieu redoutable, qui difpofe fouverainement des Princes, & qui fe rend terrible aux Roys de la terre.

Et vous, mes Freres, fecondant nôtre zele, joignez-y de vôtre côté les facrifices du matin & du foir, c'eſt à dire des prieres ferventes, des prieres continuelles pour l'importante confervation du Roy, & pour celle du nouveau Dauphin. Dites d'un cœur contrit & humilié avec David : Ecoûtez-nous, vous qui eſtes le Paſteur d'Iſraël, vous qui conduiſez Joſeph comme une brebis, vous qui eſtes affis fur les Cherubins. Faites-vous voir devant Ephraim, Benjamin, & Manaffé, devant vos Elus. Seigneur Dieu des Armées, jufques à quand vous mettrez-vous en colere contre les prieres de vos ferviteurs ? Jufques à quand nous ferez-vous manger le pain des larmes ? Jufques à quand nous ferez-vous boire avec mefure, & fans mefure, l'eau amere de nos pleurs ? Vous nous avez mis en bute à nos voifins, & nos fiers ennemis nous ont infulté avec outrage. Levez-vous, & diffipez-les. Reconciliez-nous avec vous ; regardez du Ciel ; voyez cette vigne & vifitez-la ; vous luy avez fait prendre racine, & elle a rempli la terre ; fon ombre a couvert les montagnes, & fes branches les cedres les plus élevez ; fes pampres fe font étendus jufqu'à la Mer, & fes rejettons jufques au fleuve. Mais elle a eſté brûlée & coupée par le pied. Elle perit par les regards menaçans de vôtre vifage. Soûtenez, achevez de cultiver ce que vôtre main a planté. Continuez de jetter les yeux fur l'Homme, & fur le Fils de l'Homme. Protegez de vôtre bras cet homme de vôtre droite ; ce fils de l'homme que vous avez choifi pour être toûjours à vous. Montrez que vous nous aimez encore ; & pénetrez de vos bontez, nous ne nous retirerons plus de vous. Vous nous donnerez la vie, & nous invoquerons vôtre nom. Seigneur, Dieu des Armées, vous êtes auffi le Dieu de la paix. Dieu des vengeances, vous êtes auffi le Pere des mifericordes, & le Dieu de toute confolation. Confolez-nous donc dans nos tribulations immenfes.

Convertiſſez-nous ; faites luire ſur nous la ſplendeur de vôtre
face ; faites éclater vôtre puiſſance, & nous ſerons ſauvez.
Ainſi ſoit-il.

PRIERE POUR LE ROY.

Par l'excés de vôtre couroux

Vous montrez l'excés de nos crimes,

Grand Dieu. Mais helas ! pour victimes,

Quelles Teſtes choiſiſſez-vous ?

Que vôtre vengeance s'arreſte,

Plus loin, Seigneur, n'étendez pas

La peſanteur de vôtre bras :

Sauvez la plus auguſte Tête.

Et faites que ſon Petit-Fils,

La voye, au gré de nôtre envie,

Soûtenir un ſiecle de vie.

Nous nous conſolons à ce prix.

J'AY lû par ordre de Monſieur le Lieutenant General de Police
un Manuſcrit François, qui a pour titre, *Diſcours ſur la Mort
de Tres-Haut, & Tres-Excellent Prince Monſeigneur le Duc
de Bretagne, Dauphin de France, &c.* dont on peut permettre
l'impreſſion. A Paris ce 3. Avril 1712. PASSART.

VEU l'approbation du ſieur PASSART, Permis d'imprimer
ce 8. Avril 1712.
M. R. DE VOYER D'ARGENSON.

*Regiſtrée ſur le Livre de la Communauté des Libraires & Imprimeurs de Pa-
ris numero 217. conformément aux Reglemens, & notamment à l'Arreſt de la
Cour du Parlement du 3. Decembre 1705. A Paris ce 11. Avril 1712.*
L. JOSSE, Syndic.

A Paris, chez RAIMOND MAZIERES, rue S. Jacques, à la Providence.